Suite des ventes **MOMBRO**

PORCELAINES

ANCIENNES

DE LA CHINE ET DU JAPON

ÉMAUX CLOISONNÉS

Vente le Lundi 23 Novembre 1868

Mᵉ CHARLES PILLET, | M. FEBVRE,
COMMISSAIRE-PRISEUR | EXPERT

1868

CATALOGUE

DE

PORCELAINES

ANCIENNES

DE LA CHINE ET DU JAPON

BEAUX ÉMAUX CLOISONNÉS

DONT LA VENTE AURA LIEU

HOTEL DROUOT, Salle N° 8

Le Lundi 23 Novembre 1868

A DEUX HEURES.

Par le ministère de M* **Charles PILLET,** Commissaire-Priseur,
10, rue Grange-Batelière,

Assisté de M. **FEBVRE,** Expert, 14, rue Saint-Georges.

Chez lesquels se trouve le Catalogue.

EXPOSITION PUBLIQUE

Le Dimanche 22 Novembre 1868, de une heure à cinq heures.

CONDITIONS DE LA VENTE

Elle sera faite au comptant.

Les acquéreurs payeront *cinq pour cent* en sus des adjudications.

L'exposition mettant le public à même de se rendre compte de
l'état des objets, il ne sera admis aucune réclamation une fois
l'adjudication prononcée.

000. — Paris. imp. de PILET fils aîné, rue des Grands-Augustins, 5.

DÉSIGNATION DES OBJETS

Émaux cloisonnés

1 — Deux grandes et belles jardinières ornées chacune de quatre grandes rosaces offrant des sujets à personnages et des animaux dans des paysages. Ces rosaces en émaux de couleur se détachent sur un fond turquoise très-finement cloisonné de grecques, d'entrelacs et de papillons; en haut, trois ceintures de frises; en bas, autre frise de raies-de-cœur.

Haut., 30 cent. Larg., 38 cent.

2 — Deux bouteilles ou gourdes accolées, l'une avec décor de feuillages sur fond jaune encadrant deux rosaces de fleurs; l'autre, même genre, diffère seulement par les tons des émaux; anses détachées ayant la forme de sceptres.

3 — Deux autres gourdes ou bouteilles accolées, même grandeur et même genre que les précédentes, avec orne-ments divers en émaux variés.

4 — Deux grandes et belles gourdes fond bleu lapis, avec papillons et insectes voltigeant, la ceinture et le haut ornés de onze frises.

5 — Deux très-belles bouteilles, riche décor ; sur les panses, des frises et des arbustes en tons brillants, le haut orné d'entrelacs et de frises sur fond turquoise ; anses détachées à jour.

6 — Deux boîtes à couvercles de forme semi-sphérique ; les couvercles offrent des rosaces avec combat de lions et de serpents, les panses avec fleurs, arabesques et frises en émaux de couleurs sur fond rouge corail.

7 — Théière d'un magnifique décor, le bas avec écussons emblématiques et chiffres en couleur sur fond turquoise ; plus haut d'autres emblèmes et un semis de marguerites ; le goulot et l'anse ornés de lames en tons bleu lapis et rouge corail.

8 — Deux bouteilles à grosses panses décorées en émaux variés sur fond blanc, d'enroulements, de rosaces et de frises.

9 — Deux beaux bols de très-ancienne fabrication de la province du Fo-Kien ; les intérieurs ornés de rosaces et de vermicellés sur blanc ; les contours offrent des animaux chimériques, des fleurs, des banderoles et aussi six frises formant ceintures.

10 — Deux petites jardinières ornées de frises et de plantes aquatiques, le tout sur fond turquoise.

11 — Deux jardinières de forme cylindrique, décor d'insectes, de papillons et de pâquerettes sur bleu lapis.

12 — Petit brûle-parfums soutenu par trois pieds légèrement contournés, le couvercle, la panse et les pieds ornés de

frises, de fleurs variées et de rosaces avec grecques; anses
en bronze doré à muffles de lion.

13 — Petite jardinière de forme ronde et basse, riche décor
de fleurs sur très-beau bleu turquoise.

14 — Vase à couvercle de forme sphérique reposant sur un
piédouche; sur toutes les parties se dessinent des entrelacs, des fleurs et des frises de feuilles d'eau.

15 — Coupe de forme basse, décorée de grecques en cloi-
sons sur très-beau bleu lapis; l'intérieur en bronze
doré.

16 — Deux vide-poches, décor d'une grande finesse; fleurs
frises et médaillons en émaux de couleur sur fond turquoise.

17 — Coupe émaillée et contremaillée, décor de chrysanthèmes et de feuillages sur fond turquoise.

18 — Petite coupe de forme oblongue; fabrique de Fo-
Kien, décor d'une grande finesse à œils de perdrix,
plantes, insectes et frises sur fond blanc et turquoise.

Porcelaines de la Chine
et du Japon

19 — Très-belle potiche d'un magnifique décor de l'époque
des Mings, offrant douze médaillons de paysages animés
par beaucoup de figures offrant des scènes de mœurs et

de la vie privée, navigateurs, voyageurs, astronomes, pagodes et cavaliers sur des ponts ; couvercle à bouton.

Haut., 55 cent.; Larg., 40 cent.

20 — Grande jardinière décor bleu, dragons, chimères et pélicans sur fond blanc.

Haut., 45 cent.; Larg., 55 cent.

21 — Grande et belle jardinière, décor bleu sur fond blanc, offrant des biches au milieu d'un bois où s'élèvent de grands arbres.

Haut., 50 cent.; Larg., 60 cent.

22 — Riche garniture de cinq pièces, trois potiches et deux cornets, en porcelaine du Japon; beau décor de médaillons et d'écussons avec parties émaillées.

Haut., 65 cent.

23 — Deux superbes potiches de l'époque des Myngs, décor de frises et de buissons avec fleurs et oiseaux perchés.

24 — Deux grandes et belles potiches en porcelaine du Japon, de forme octogone, décor de pélicans volant dans des paysages.

25 — Deux autres, décor bleu, rouge et noir avec rehauts d'or, médaillons à dragons; couvercles surmontés de chimères.

26 — Vase cylindrique de l'époque des Mings, riche décor offrant quatre médaillons de fleurs et d'insectes, et deux

plus grands avec oiseaux perchés sur des arbres; ces médaillons avec encadrements fleuris sur fond corail.

Haut., 46 cent.

27 — Autre vase cylindrique de l'époque des Mings; très-magnifique décor représentant des chasseurs richement costumés et des cavaliers montés sur des lions chassant des tigres.

Haut., 47 cent.

28 — Autre vase cylindrique de l'époque des Mings, très-beau décor représentant un tournoi.

Haut., 42 cent.

29 — Vase de forme ovoïde avec col évasé, orné en émaux de couleur, de roses et de branches de pêcher sur lesquelles sont perchés des oiseaux.

Haut., 41 cent.

30 — Beau cornet en porcelaine de la Chine, à huit pans entourés de bandes saillantes, décor de la famille rose, offrant des fleurs et des paysages.

Haut., 50 cent.

31 — Deux belles jardinières à six pans avec bandes saillantes, décor rose encadrant des paysages en sépia relevée d'or.

Haut., 25 cent.

32 — Très-charmante pièce, fontaine et son bassin, riche décor de la famille verte, avec paysages, frises, fleurs et grande quantité d'oiseaux d'espèces diverses.

33 — Jardinière, décor bleu sur blanc avec pélicans et frises
raies-de-cœur.

Haut., 35 cent.; Larg., 40 cent.

34 — Grand et beau vase en porcelaine de la Chine, riche décor en relief et en noir sur fond bleu Perse, grecques,
emblèmes, feuillages et frises à palmettes ; anses détachées à trompes d'éléphant.

Haut., 45 cent.

35 — Potiche à couvercle en chine émaillé, décor avec
paysages, personnages et habitations chinoises.

36 — Deux petites jardinières accolées, décor de la famille
verte, avec losanges, médaillons de fleurs et frises.

37 — Jardinière de forme lobée ; sur chaque lobe décor de
paysage et fleurs émaillés en relief ; le bas saillant est à
contour festonné.

38 — Jardinière à quatre pans de forme rectangulaire avec
bord à crosses ; sur chaque pan sont des paysages émaillés
avec personnages et montagnes.

39 — Vase à panse enflée, en porcelaine de la Chine, fond
turquoise, décor en relief avec frises à palmettes, feuillages et fleurs.

40 — Grande vasque, riche décor, émaillé en rose à l'intérieur ; l'extérieur est orné de guirlandes de fleurs.

41 — Très-beau vase en porcelaine de Chine, qualité dite

coquille d'œuf, riche décor avec médaillons à personnages émaillés; encadrements fond bleu relevé d'or.

42 — Charmant petit vase et son couvercle, d'une forme peu commune, ayant deux parties plates et les autres lobées; riche décor de la famille verte avec encadrements fleuris et bouquets dans des paysages.

43 — Petit vase à six pans avec encadrements et panneaux; décor de mandarins, couvercle avec chimère.

44 — Deux cornets, même forme et même genre de décor que le précédent.

45 — Petit vase en céladon vert d'eau craquelé.

46 — Très-grand et beau plat en porcelaine de Chine, fond bleu turquoise.

Diam., 45 cent.

47 — Grand et beau bol orné d'encadrements, de cartouches d'oiseaux et de sujets à personnages chinois; le tout émaillé.

Diamètre, 40 cent.

48 — Vase à quatre faces, décor de la famille verte, avec fleurs, frises et palmettes.

49 — Vase cylindrique en porcelaine de Chine, avec sujet émaillé représentant un personnage chinois dans un char, faisant ses adieux à des dames groupées sur un ballon.

50 — Potiche, ancien décor, représentant un site montagneux où croissent de larges plantes et des fleurs.

51 — Belle garniture de trois pièces, deux potiches et un cornet, décor bleu, représentant des tiges de fleurs dans des paysages.

Haut., 55 cent.

52 — Grande potiche en porcelaine du Japon, riche décor, offrant trois médaillons de fleurs de marguerites et de pêcher.

Haut., 80 cent.

53 — Deux grands sucriers, fond brun, avec cartouches de fleurs émaillées.

54 — Vase de forme ovoïde, décor fond rouge rubis flambé.

Haut., 45 cent.

55 — Deux jolis vases en porcelaine dite coquille d'œuf, décor fond rouge de cuivre relevé d'or ; chaque vase orné de huit médaillons à personnages ; scènes de la vie privée.

56 — Beau vase à panse surélevée, décor émaillé avec fleurs et pélicans dont un perché sur une terrasse.

57 — Deux jardinières à huit pans, décor bleu avec huit panneaux de paysages et de bouquets de fleurs.

58 — Petit vase de forme sphérique, ancienne qualité, décor

représentant un mandarin en voyage, suivi et précédé de
ses serviteurs.

59 — Un autre vase de la même époque et même genre de
sujet.

60 — Un autre de même forme, orné de frises et de cartouches de fleurs.

61 — Pot, ancien décor en vert et rouge de fer, médaillon à
personnages.

62 — Vase à quatre pans, s'enclavant dans un socle, décor
émaillé avec paysage et personnages chinois.

63 — Vase à anses élevées ayant la forme des vase antiques,
en ancien céladon finement craquelé.

64 — Théière à six pans, en porcelaine du Japon, beau
décor.

65 — Pot à anse, décor rouge de cuivre et fleurs émaillées.

66 — Deux grands vases, décor flambé rouge et violet.

67 — Bouteille en ancien céladon craquelé, orné de plates-
bandes et de rosaces bleues.

68 — Petite gourde, décor bleu à tiges de fleurs.

69 — Grand bol, ancienne qualité, décor émaillé avec chas-

seurs dans des paysages; à l'intérieur, autre médaillon avec chasseurs et chiens.

70 — Autre bol, riche décor avec médaillons de paysages et d'oiseaux aquatiques sur des cours d'eau ; beaux encadrements à feuillages verts.

71 — Autre bol décoré de frises et de chrysanthèmes.

72 — Un bol à bord évasé, décor de la famille verte, avec meubles et objets d'étagère.

73 — Autre bol, même grandeur, avec sujets de personnages chinois.

74 — Plat en chine émaillé avec décor de frise rose ; au centre, vase contenant des fleurs.

75 — Autre plat, même genre que le précédent, avec frise brune relevée d'or.

76 — Très-beau plat avec vase de fleurs ; bordure à cachemire.

77 — Autre plat avec bordure de fleurs ; au centre, sujet représentant un dignitaire implorant une grâce.

78 — Autre plat avec le sujet d'un empereur près des femmes de son sérail.

79 — Neuf assiettes, décor émaillé avec vases de fleurs et potiches.

80 — Beau vase cylindro-sphérique, en ancien céladon craquelé en couleur Isabelle.

81 — Deux grands cornets en porcelaine de la Chine, ancienne
qualité, décorés de deux frises de fleurs, et d'une autre
avec personnages chinois.

82 — Vase en céladon vert d'eau, ayant la forme de plusieurs
feuilles retenues par un ruban.

83 — Deux vases fond bleu, décor d'ornements de frises à
palmettes en retrait.

84 — Deux petites jardinières, décor à mandarins.

85 — Une tasse en porcelaine de Saxe, décor d'oi
seaux.

86 — Six plats en Japon, beau décor avec médaillons d'oiseaux aquatiques et vases de fleurs.

87 — Six autres plats Japon, même genre de décor, mais plus
petits.

Objets divers

88 — Deux cabinets à deux vantaux, en ancien laque de la
Chine noir, relevé d'or ; les vantaux recouvrent une
grande quantité de tiroirs formant petit meuble à l'inte-
rieur.

89 — Petit meuble, dit cabinet, en laque noire de la Chine, décor avec paysages et personnages or en relief.

90 — Vitrine, style Louis XVI, en bois noir et filets en cuivre, le haut à retrait, les coins arrondis et cannelés.

91 — Autre vitrine, même genre que la précédente, les pieds carrés et cannelés.

92 — Plaque à sujets chinois, en ancienne faïence de Delft.

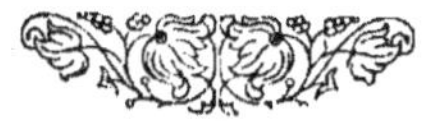